Deserta

Michael H. Miranda
Deserta

bokeh

© Michael H. Miranda, 2026
© Fotografía de cubierta: W Pérez Cino, 2026
© Bokeh, 2026
 Gainesville, FL
 www.bokehpress.com

ISBN 978-1-966932-13-0
Bokeh es un sello editorial asociado a Almenara Press

Todos los derechos reservados. Cualquier forma de reproducción, distribución, comunicación pública o transformación de esta obra sólo puede ser realizada con la autorización de sus titulares, salvo excepción prevista por la ley.

I.
Murmuria 9

II.
País no nieve 33

III.
Whiskers! 47

IV.
Doma natura 69

A L.E., comienza el desierto.

I.
Murmuria

(Gutural, lo más guturalmente que se pueda)
O.G.

Para la palabra exacta no hay pronunciación.
No hay asunto.
Todo es postergable.
La correspondencia entre escritura y dicción.
Camino a Lomas
iba Corvus tarareando.

Una moneda de cobre
en el tercer estómago
de un rumiante.
Lo que en Lomas ocurre
en Lomas queda.

Es del todo cierto que las cosas me hablaban
pero yo no reconocía otras voces.
Día frío.
Ventura ninguna.
Hacen falta las voces de cosas:
no madurar.

Su primer pensamiento del día: quería visitar Harare.
Presentar cartas como un embajador de antiguos vicios
    occidentales.

Rimbaud había vivido en Harare
    y
azotado ciertas espaldas.
Un látigo casi transparente
hecho de lenguas cruzadas
buenas para escupir lo que no requiere traducción.

Derivarlos
hacia
una
sensibilidad
y
luego
condicionar
todo
el
juego
de
relaciones.

Miedo de la mujer de servicio que tiene
una cicatriz en la mejilla.
Miedo a los perros aunque me digan que no muerden.
¡Miedo a la ansiedad!
Miedo a tener que identificar el cuerpo de un amigo muerto.

Lomas
la casa interior
el territorio por dentro.
Esa tendencia a cientificarlo todo.
¿Por qué alguien mata?
Y ahí vienen unos cuantos con hipótesis salidas
de estudios del cerebro humano.
Pero no todo será explicado por científicos.
Katz_Filósofo_Midwest: No todo estará en las ciencias.

¿Será que no eran los setentas?
¿Que todavía los parias parían?
¿Será que olvidaban?
¿Salas de parto?
¿Hospitales?
Nos fuimos del pueblo
pero sol excéntrico siguió saliendo
de espaldas.

Este pueblo entre montañas
la indefensión del que duerme.

Esta, su primera versión del town:
Si tan sólo fuera un lugar para visitar
lo pensaría como una visión entre nieblas del paraíso
una que no había visto en mucho tiempo.
Los ojos en las laderas
el castillo de K.

Mamette: Capirote medieval sobre un campanario.
Asno bajo la pérgola.
Un paseo marítimo.
Era como el derrumbe de todas las torres Old Main
sobre la faz terrestre
campanarios incluidos.

Driftwood: palizada
madero flotando en un cuerpo de aguas.
Han imaginado Lomas.
Que Lomas se abandona
se deja llevar
levita.
Pensar el exilio como una entrada
al paisaje
tras abandonar el desierto.

¿Quién, por no ser de pan fue de aire?

alar
alarido
alaridad
Traducía sobre castigos.
Alcoholes nacidos de respirar.
La importancia de aislamientos temporales
como resultado lógico de un rompimiento de reglas.

Luego vendrán las preguntas
mas importará que sean irrelevantes.

Marinas las vacas mudas.
Las vacas también negras marinas.
Pero el mar ruge demasiado lejos
un mar ocre además desinvitador.
La vaca marina sacude el cuero
su estro temporal
el texto de moscas.
Cómo sería que vacas sin mar serán llamadas vacas marinas
vacas bávaras color entero
mas no enjutas.
No se les ha visto nadar ni sumergidas, tampoco libres.
De cuerpos que mueren en soledad
su tránsito de momificaciones.
Hay caballos libres mas no vacas.

Entraba
    y
salía de la vida
    y
la muerte
como se entra
    y
se sale
de una habitación
a oscuras.

Leemos manuales contra centristas.
Exploramos límites.
Extraemos modelos de comportamiento.
Cada vez que alguien pide serenidad
es como entrar en una casa
que ardió a fuego lento
tú eres apenas la brasa que resultó de una pared caída.
En esa pared estuvo tu retrato.
El retrato de un dios artero.
Un dios-ceniza que fluye evaporándose.
En esa impura pared yo quise ser
fui
borrado
hasta
extinguirme.

Yo, Corvus.
Morirás de Edipo.
Evitarás razonamientos oblicuos.
A esos mejor pasarlos en rectas.

Había estado allí
como una negación
perpetua.
Cerebro reptiliano.
Demasiados afectos.
Transar por los sentidos.

El negro cerebro de Piranesi
habíase escrito en las Galias alguna vez.

El mar de la murmuria le mermera al oído de la mente,
roca inexplorada, alga evasiva.
Sólo el caul conoce su nombre milésimo primero,
Hocus crocus, Esquilocus, Finnfinn...

En la noche
mientras leen
suenan afuera los acordes
de una música familiar.
¿Será el momento de las mudanzas?
¿El acarreo al *basement*?
Pongan a salvo proles y bibliotecas, les dijeron.
Pero era sólo un carro que pasaba por una desierta avenida
    lejana.

Corvus
como un Zola distendido
también deseaba a la joven mucama
a la que veía planchar la ropa
cualquier tarde de jueves.

Hastiado de frases
por el estilo de «la dialéctica astilla la costumbre».

El pez como lengua
que respira
bajo tierra.
Apenas otro golpe de agua
que abrase tanta humedad.

Nadie sabía decir
si alguna vez
Corvus Jones imaginóse
viviendo entre montañas.
Nadie sabía decirlo.
Es posible que Corvus se afirmara a las bacantes
se las atusara como se atusa un bigote
un bigote whisker.
El bigote whisker
es
de quienes saben
trasquilar.

Pues ya que se trata de ser leves
creo que la tierra es definitivamente plana
decía Katz_Filósofo_Midwest.
Si no cómo resistiríamos los golpes de agua.

Sensación de tiempo terminado.

¿Cómo es vivir en la casita del árbol?, inquieren.
Pues la casita del árbol ha sido vista a la distancia

cosa nada agradable que insomnia a Corvus.
Ser imaginativo es ser todavía un poeta tierno, pensaba.

Mas casi a punto de interrogarse
sobre el significado de reloj
    y
locuacidad
agitó la diminuta bola de cristal azogado
imaginó que la nieve dentro se agitaba
volvía a caer
a posarse sobre el techo de una casa
las ramas de un árbol
volvieron a agitarse
    y
entonces el cristal
ya transparente
comenzó a hincharse
estalló sin que por dentro
se vieran casas
ni árboles nevados.
El cuerpo
una mano que sangra
dicen esperar por otra vida
unos días no tan plenos
las heces de un ratón de campo
que no avanza
que no agita la hierba
al deslizarse.

Amor fati
amor por el destino inocente
    o
amor inocente por el destino
su crueldad de tiempo.

Ese futuro que te olvidó.
Ese futuro que primero fue olvido.

A sabiendas de que sus riñones no le acompañarían en su largo tránsito por la vida comenzó su carrera contra el tiempo.
En casa soy apenas el que apaga las luces.
No hay diferencias entre los muertos y yo, piensa.
Somos ingenuos, no pensamos en las consecuencias de
    nuestros actos.
Enterrar la cabeza o caminar hacia atrás en plena calle
    repleta de gente.
Los muertos, qué risa.
Un muerto viene a verme todos los días
pero es un muerto distinto cada vez.
Cambia su cara
su estatura
su destino
la forma en que murió
en fin
una historia infinita.
Pero cree que el mal es siempre mucho más que eso.

Cual pianista sordo frente a un piano sin encordar
al mirar las montañas en otoño
siempre recordaba la frase *larvatus prodeo*.

No se avistan en Lomas caballos salvajes.
Mas se complace en mirarlos en paisaje diferente.
Los bosques de Arizona
    o
las heladas playas de Massachusetts.

Pueblo seco
por eso
memoria
de lugares.

Sometió a electroterapia una sucesión
de imágenes
tomadas al azar.
Toda magia es literal, dice.

Lomas: centro ágrafo del midwest americano.
Hubiérase deseado que poblara de imágenes desérticas
una posible iconografía de la expansión hacia el oeste.
Pero ofrecía otros movimientos
los restos del profundo bosque
una senda entre colinas
un revoloteo que surge
    y
se apaga de improviso.

Allí la Secta de la Tierra Plana
allí los Factores de la Carne y las Inhalaciones.
Tenían sus reuniones
celebraban sus ritos.
Las aguas alcanzaban
una coloración
escarlata.

Si yo no hiciera al menos una locura
por año, me volvería loco.

La forma de una reescritura.
La invención de la melodía es el más alto misterio de la humanidad, diría

Perder todo contacto con la realidad.
Yo no era así, así me hicieron.
Un sinsentido, del todo imposible, replica Argenta.
Y sin embargo en esa dirección encaminó sus fuerzas.

Para un lector de *grandpa* Ezra:
Habría que lanzarse a jugar.
Imaginar que cruzas a nado una laguna
los peces vienen a darte pequeños mordiscos.
Rozas la vegetación acuática.
Del otro lado, la conmutación de la pena

sólo nariz quemada por fríos
    o
falsos vientos tórridos.

Detestaba la gracia
una mínima postura
con la que escribía en sus libros la palabra town.
De aquí saldremos
sin mirar lo que abandonamos
apenas lo que nos abandona.
Dejar Lomas
con sus reverberaciones de la naturaleza
será premio.

Argenta se hizo un tatuaje winehouse
mordiendo una mesa de cristal
    y
en otro
mostrando pezones de piedra
a paparazzis en un balcón.
Lo que Argenta soñaba:
La Piedra Mascota

Mientras camina entre montañas
va pensando no en el café de la mañana
que ha quedado amargo
sino en la silueta gaseosa
mujer osa que se evade

se hunde
en las aguas turbias del Red River.
Ya he comido, dijo Kant.

Al tocar un punto inferior de oreja izquierda
surgen del tímpano unos sonidos de metales rotos.
Tímpano no absorbe sonidos: los emite.
Sufre escalofríos.
No ocurre a diario
pero a diario se pregunta:
¿Perderá capacidad?
¿Entenderá lenguas?

Cerraban licorerías.
Quemados los viñedos.
¿Cuál versión de mí?

Rumen, panza o herbario.
Retículo, redecilla o bonete.
Omaso, libro o librillo.
Abomaso, cuajar o estómago verdadero.

Así comienzan las tragicomedias.
Un pájaro cae fulminado
por quién sabe
qué.

Plumíferos.
Libros plumas.
De alguna manera el libro debe pesar.

Frutos todo el año.
Pero esto alguien ya lo hizo.
Somos muchos al amparo
de las bestias.

Iba al circo con bolsas de pan integral rancio
para dar de comer a elefantes.
Así elefantes adultos se entretenían comiendo
mientras ella les cortaba mechones de pelo
a elefantes bebés
para reparación de pulsos.

Un no sé qué, que vienen balbuciendo.

Las veces
que había mirado
esa escalera
    y
pensado en Vico
el objeto curvo
fin de las saturaciones.

Teje
the
time
dorado
by
the
Nilo.

Donceles.
Donceles.
Repetía Corvus.
Alguna estrepitosa columna en su camino.

Esos momentos de Argenta cuando decía
a quien quisiera escuchar:
Estoy pero con Cèline,
no incordiar.
Murmuria, tarea de hillbillies
sin plan para pensar su dios.

Lautreamont: Los peces que alimentas no se juran fra-
 ternidad.
La fraternidad que alimentas
no es un pez.

Pensar el mar en femenino.
Esto es el cuerpo con todas sus necesidades naturales.
Aquel sueño en el que llovían pulpos.

El problema es que mi clase no está muerta, no muere.
Sanpaku sólo muta en hendiduras.

¿La vida al precio de cualquier bajeza?

A veces Argenta: Todo ese trasiego generacional.
No verás mi nombre en las antologías.
Qué significa un antologador
palabran humos
conviene mantenerse
al margen.

Pero mi nostalgia es infinita
porque ese alimento dura una recia eternidad...

He aquí que Argenta se ha gastado en chinerías
lo que gana de noche
sobre cualquier cama del mundo.
Con el sudor de esa Chu que abre a todos su bata de andar
   por casa.
O los trasiegos del émbolo
   y
linimentos.
Argenta, su naturaleza muerta, sus destinos de tierra alta.
Podría decirse que es feliz.

Allá estaban
en el centro de una ciudad de concreto y escombros
las mascotas ruidosas
  y
el ruidoso callejón de espejos.

Cierta vez hubo en Lomas un temblor odioso
que erigió algunos temores
sobre esbeltas poblaciones blancas.
No llegó la sangre a orilla alguna,
pero todavía,
al mirarse al espejo roto,
creen descubrirse
  o
revelarse siluetas agazapadas oscuras un armadillo
  o
pájaro gaseoso se cruza,
todos desdentados
  y
en fuga.
Los deslaves en Lomas dejan
como poso
un polvo de huesos
en busca de compañía.
Pero es apenas polvo de lamer.
Hoy nadie reclama huesos
mucho menos
en el tortuoso idioma
de los nativos.

Argenta
partera pantera
colmada impura
ahíta de vergonha.
No oses dar un paso sin aviso.

Pero en Lomas de todo aprendemos
de todos
     y
de nadie.
He visto niños llegar a la escuela
con una manta
sobre los hombros.

II.
País no nieve

Si yo pudiera decidir algo, borraría todo.
Peter Handke, *El momento de la
sensación verdadera*

Escalera cabeza rota.
Sensación de tiempo terminado.
Escribiré esto al margen tras la muerte de un amigo.
Todo el que se mata confiesa una aniquilación.
La muerte
sus instrucciones de uso.
Hay algo más
o eso creíamos.
Hay algo más
que su imagen congelada
leyendo un cuento de terror
la noche primera de aquel año.
El año de su muerte.
Debimos correr las cortinas.
De ese modo, hubiéramos dejado afuera el frío
que ya
en ese momento
comenzaba a lanzar sus avisos.
El frío es siempre una copa que estrellamos contra la
    pared, dijo.
La
mancha

de
vino
permanece
de ella veremos salir una figura sedienta
que volverá a preguntarnos
con un murmullo suave
cómo se está en medio de la noche
en mitad de una carretera
que surca una llanura interminable.
Aquel semáforo en Ennis
que se demoraba
nos demoraba
mientras el amigo moría.
Siempre hay algo más que esa silueta
que dice algo incomprensible
unas pocas palabras que no entendemos
porque el tiempo de deshacerlas ha pasado.
Unas pocas palabras
una copa
el eco de una música indefinida
todo reverberando
volviendo a caer sobre nuestras cabezas.
Cómo hallar el camino de regreso
el sentido de un abrupto final.
Este es el estilo de decir adiós
    o
al menos
si no alcanza un gesto con el cuerpo

mientras nos calentamos en la casa
en un invierno largo.
Decir que fue feliz
que portaba también su máscara
que nos lleva un trecho entre vivir y morir.
Pero eso quién no lo sabe ya.
Lo hacía
sin saber muy bien
por qué lo hacía.
Lo pensaba
sin saber muy bien
por qué lo pensaba.
En apenas un momento volverá a tentar la suerte
sorteando los números de una ruleta
que nunca al girar se ha detenido a favor suyo.
Conjunto no surrealista:
perro
piano
libros
lámpara de pie.
Bajo las sábanas siempre olores fétidos.
Yo sé que formo parte de la zona muerta
por si quieres saber cómo se siente.
Era como esperar
la nota del suicida
que nunca leímos
porque no existió jamás
en el dorso de la página

sólo decía
lo siento.
La música de aire de un laúd manchado.
Un árbol que da madera de violín.
Y cuando lee
el artefacto
pantalla donde escribe
descansa sobre el pecho.
Adiós, amigo.
Las emociones quedaron para otra edad.
Cowbirds sobre el asfalto caliente.
Llevó tiempo entender el sentido de la escena.
La tierra vomita palabras oscuras.
Todo es procedimiento.
Cuando una sombra cruza
se cierra una puerta.
También cuando arranca el engranaje de huidas.
La violencia de anaqueles en llamas.
Cambio de fábula
invención del sexo.
Pero el sexo es un país difuso.
A veces hablábamos de mujeres que venían del frío
como si fueran una yerba que fumaríamos
como si alguien fuera a retenerlas para nosotros.
Una voz que viene del cristal de las ventanas dice:
imperfección siempre nace.
Padre es aquel que huye deseoso.
Sé que ese cuerpo estuvo allí

pero no que era frágil
como una gota de agua negada a evaporarse.
Quien todavía no ha saltado dice:
amé lo que yo era
todos mis animales muertos.
Cuál es ese pájaro que canta en las noches de Texas.
Muerte del ojo.
Eliminar el nervio óptico.
Deja que nos hable el invierno
que nos diga de qué estamos hechos.
El amigo había salido por cervezas.
Los demonios viajan en línea recta.
Usan tu infierno total.
Nos disponíamos a esperarlos.
Ahora bien
la frialdad en estas líneas
no la veo como una falta.
Un exceso de vacío es el germen de la infancia.
Salir descamisado al invierno
así se funda un bosque.
Vinieron días de incomunicación.
Es como hago las cosas por primera vez.
Olvidados del fabricante de alcoholes
de las cervezas bávaras
las bebidas de frailes
de la antistrofa
    y
el chiste fácil

del tornillo que horada la pared.
Después te volverán a preguntar por tu relación con Dios
después dejarán de hablarte.
La sombra no deja muerte.
Los mementos.
Asociados siempre a un *inside* frágil
un reino abyecto que no puede ser descrito.
Un museo de cajas de cartón.
Cajas rauschenberg
  o
cajas *cabinets*.
Cajas insectos en fila.
Milagros de las islas del Índico
corrosión de las torres.
Un catálogo de comedias.
Llámalo visión del vacío
  o
astucia de los sentidos.
Llámalo asunto personal
  o
diálogo roto con una sombra ausente.
Llámalo carne
  o
expresión rutinaria de un deseo.
Todo tiene su origen en ti
todo se derramará sobre ti.
Tú eres lo que está debajo.
Se llama congelación

se llama final del tiempo.
Tú y tu rendición proyectan alguna luz sobre mí.
Lo que se ve es un cuerpo amorfo
que camina hasta desaparecer.
El cuerpo que se vuelve escritura
un campo llamado muerte
una niebla que no me incluye.
Cuida de nosotros, amigo.
El deseo de diluirme
la falta de voluntad
las noches sin sexo.
El acceso al día de mañana
el accidente que me marcará.
No soy la palabra que te vuelve frágil.
No conozco la frase que te hizo desaparecer.
Hay un modo de evaporarnos que desconocemos.
Recobraremos la razón
cuando ya sea demasiado tarde.
Para una filosofía del momento absoluto
no me sirve la imagen del animal suicida.
Cada acto es virgen
incluso los que se repiten.
Máquina como yo
resistible
blanda como yo
agujereada
tóxica como yo
máquina no echará a andar.

Una mínima porción de esas aguas que veo
no se ha movido
no ha cambiado nunca.
Lo que sucede con el suicida es la esperanza
de que todo haya sido una pesadilla.
Soñamos con el regreso del suicida
con que todo ha sido broma
desaparición instantánea
misterio que el tiempo despejará.
Cuando muere el padre o la madre
muerte natural
ya mayores
enfermos
no se sueña con su regreso.
Su regreso lo complicaría todo.
Les decimos adiós sabiendo que esa lápida clausura nuestro
    pasado.
Ante el suicida no hay otra alternativa:
esperar por un golpe que corrija aquel otro golpe
su desaparición.
Que el suicida aparezca
que diga he vuelto
sólo debí escapar por un tiempo
no me juzguen
celebren.
Y nos abrazamos todos
nos miramos a los ojos
hacemos libaciones

luego nos marchamos
a la cálida cabaña del sexo y las comidas
para decirnos siempre lo supe
no era cierto
estaba vivo
sólo lo dimos por muerto.
Entonces despertamos
nos vamos a trabajar.
¿No podría dejar de ser insignificante
y fundirse con lo visible
el todo?
País no nieve
un mínimo cuadrado
un cubo mínimo.

III.
Whiskers!

—Say it, no ideas but in things—
nothing but the blank faces of the houses...

       W. C. W., *Paterson*

Canta el pez enlatado
hablándole al fuego:
¿Qué era lo que buscábamos?
No pertenecer al mundo que agoniza
no llamarlo lugar.

Es difícil hablar
de cómo me convertí
en Nadie
todos los días
saltar de la cama
abrir las puertas
ver nacer la sombra.

Una idea exagerada de mí mismo.

Delirar es deambular
el genio es el pasado.
El último estado de la cuestión:
Para qué he venido
en ausencia de Padre
pero cuando pienso en Padre

lo pienso desafiando
un motor de petróleo.

Sé lo que no reconozco.

Las palabras que puedes pinchar
como mariposas disecadas
no son esas
las que hablan de ti
no te servirán para contar
describir un momento.

Re /
pre
sen
ti
da

Re
me
mo
ra
da

Re
en

car
na
da

Todo lo que parece,
parece dictado.

Había soñado que volábamos bajo.
Desde Des Moines a una playa
la hija pilotaba.
Des Moines
desde entonces
pasó al centro
de las reuniones familiares.

El pulmón del rey
también se envuelve
en papel periódico.

Le pedí que visitáramos
el viejo pueblo
Me contestó:
Dejemos que muera
esa intacta memoria.
Sonaba como a dejar
en el olvido
a la mujer del amigo muerto.

Ya no hay allí vida.

Un día
al levantar la piedra
sintió el pinchazo del alacrán
en su dedo
el patio de aquella casa
lleno de animales
alimañas más bien
a la sombra del almendro
reñía con la sombra de la güira
    y
bajo ellas
las piedras de una casa
que estuvo siempre
en construcción.

Katz_filósofo_Midwest: A partir de fermentaciones diversas
digamos populares cervezas de barril
se activan ciertos cuerpos de cristal.
Se propagan los fuegos acuosos
    y
adquirimos salida al mar.
Las proporciones coherentes
no se contradicen.

Estar al margen me basta
ya
como sentimiento.

Vuelve
a veces
la imagen de aquel tierno manager
solía quejarse con la jefa
su tono de voz
sus silbidos.
Jugaba con las palabras
pero sólo para imitar
que ordenaba:
you're fired!

No sé
de qué vacío
voy a hablar
de la sombra
que partió
o del cuerpo
quebrado
por la cuerda
de atar.

Sé
que ese día

tocó de nuevo alimentarnos
y nos dispusimos a ello
como marchando
hacia un silencio angosto
los pies atados.

El cuerpo del amigo
hace tiempo expulsado
de La Industria Fitness
yacía
de una forma
que no me ha sido explicada.

Pero yo era Nadie
eso había dicho
un Nadie que apenas salta de la cama
corre a abrir las cortinas
    y
a mirar afuera
como si una debacle esperara.
No
hay
que
perderse
en
digresiones.

Es temporada de coyotes,
dicen por casa

pero casa es aquel lugar
donde tu ausencia ya pesa.

Quizás terminaré empantanado
reproduciendo la ágrafa condición
de mis antepasados.

*Nada quedará de quien usó sentimientos y guantes,
de quien habló de la muerte y de la policía local.*

Un sueño tuvo Corvus: prisionero.
Había intentado ajustar cuentas
pero a veces es peor
quedar a medio camino
antes de que venga alguien
a recordarte tus derechos
eso pensaba Corvus antes de despertar
sudando
como un cuerdo
internado en manicomios.

Seguía pensando que su historia
no estaba contada en detalle
sus pormenores
un andar atrabiliario.
Hoy toda correspondencia llega
con avisos dentro.

Whiskers!, gritó
    y
de la cabaña salió una niña
vestida de enfermera.

Dejaremos de ver las noches blancas
entonces habrá cesado el invierno.
Ese punto en el que la mirada
parece haber dejado de existir.
Ese punto en el que respirar
parece habernos trascendido.
Ese punto en el que salir a caminar
parece escuchar que nieva.

Uña rota
¿es final o inicio del dedo?

En alguna vitrina dublinesa
se exhibe el cráneo de Swift.
Apenas recuerda Corvus
alguna línea de Yeats
pero en el mapa ha trazado
la fría ruta de algún Bloom.

En el reverso estaba lo fantástico
Un cuerpo que no tolera la idea de movilidad.

Tavares: una parte del movimiento es excremento
la otra es deseo

¿Y ese ruido?
Un sueño cayó
sobre cabeza rodante.

Vivir con la madre
es no irse nunca de la casa
aunque se haya cambiado
de casa
varias veces.
La habitación
está siempre hecha
    o
deshecha
porque al final del día
siempre está marcado
el regreso
del hijo.
Primero
vive el hijo
con la madre.
Más tarde
la madre
vive con el hijo.
Aunque muchas veces
madre no habla
    e
hijo enmudece.

Dos días con un parche en el rostro
por un tajo cortesía de la medicina
su piel oliendo a carne quemada.

Saturno deja Capricornio por tres meses.
Corvus lleva años viviendo en Lomas
mas no es el mismo mar.
Escucha
que comienzan
a migrar
los pájaros.

...y pude entonces rodear con palabras el sentimiento de la duración

No se trata de salvar nada
sino de afirmar su pertenencia al caos.

No podría hablar de gatos
no podría pensarlos.
La aparición de un gato
es siempre temprana en la narración
digamos
de un asesinato.
Si un gato corre por el techo
¿sabe que escarba en la cabeza?

Sin embargo es poco
lo que se ha dicho aquí
de Lomas
lugar bueno para disfraces
lugar puro de impurezas.
Se avistan serpientes
mas no se respetan luces.
Aire que baja de montañas barre las cabezas.
En Lomas se habla idioma flotante
no verbos
sujetos variables.
Las maestras de yoga
se horrorizan de los cuerpos
en el asfalto
helado.

Si nada es neutro y nadie
el recuerdo seco de alguien

Sintió que eso ya lo había dicho
ya le había pasado.

Antes de que la niña perdiera dedo por rotor imprevisto
descorrió su madre una cortina no de humo
¿Insectos de qué ruinas?, vino a preguntar
Pero acaso ya era tarde
Ocultábase el sol por detrás de aquellos pinos

la niña ni siquiera gritó
sólo pidió más carne
más sangre.
Un hilillo oscuro se escurrió
desde el tope
hasta el depósito
donde el agua corría fresca.

El tarareo al caminar
pide
con insistencia
su lugar en el poema
no me lo cuentes
no lo actúes
cántalo
déjalo que brote
ese ingobernable tarareo
un quantum de ociosidad.

Pero nada que surja
de una obsesión
debería convertirse
en poema,
pensaba Corvus.

Le leía a Shakespeare
a una manada de cabras.
Toda la noche oyó ladrar
a un perro.

Katz_Filósofo_Midwest: Hay un problema Dios y un problema Vivir.
Pero no son en realidad dos problemas
sino apenas
dos estrellitas colindantes.
Ninguna de las dos ha muerto aún.

Tres palomas se cuelan
en un campo de fútbol
echan a volar
en el momento exacto
en que la pelota
que decide el campeonato
se estrella
en la cepa
del segundo palo.

Allí
en el nacimiento de los párpados
había un nido de pájaros.
Los cuervos que viajan
en el lomo de los bueyes.
Sentí el peso muerto
que no me dejaba despertar.

Romper la tierra tiene la escritura del sueño.

No es por contar un sueño,
cosa que no va a hacer porque lo odia.
Pero anoche se vio
en medio de una película
había una caja
él se metía en la caja
podía regresar en el tiempo
pero todo lo que veía
volvía a ser detestable
aburrido
demasiado simple.
Nuestra mirada sobre el tiempo
El tiempo, que simplifica lo que no entendemos.

Sobre himnos anabaptistas
cantados en críptica lengua.
Argenta sale vestida de duquesa de Luynes
reclamando su lugar en las ventas de madera:
Carretilla de caoba, repite a quien quiera oír.

Camino al libro pospuesto.
La verdad
es la consumación
de lo terrible.

Siempre lagrimeando
de su ojo estrábico,
piensa Corvus.

Uno de los rostros de Dios
flotaba al nivel de las aguas.
He sido ya pájaro y mudo pez de mar
Conozco el túnel
donde un viajero
pierde su rumbo.
Toda carne es hierba.
Aquí el tren entra de espaldas.

En la casa
de los diez mil libros
se escucha el ruido
de un gato al caer
Al final se llega
cuando ya no queda
nada por contar.

Azotan
como un *teaser* de sal
los fantasmas de otra vida.

Por la ventana
entreabierta
mucha luz.
La luz,
esa dificultad.
Tocó serenarse
camino a una estrategia.

De la Frontera, las noticias y no son buenas
el inicio del bosque.

Si la flor de un muerto
acaba marchita
a un lado del camino
inyéctame con tu sangre
otra forma de mirar
otra forma de decir
que la vida sigue.

Yo escuchaba
a mi padre
hurgando
en el agua congelada
diciendo:
«Ahora
yo también
soy invisible
No invencible,
sino lo opuesto
Ser invisible significa
ser vulnerable
Se es
menos persona
que no-persona
Se es espíritu puro,
susceptible de apagarse

como una vela
en el viento
¿y quién recordará
qué tipo de llama
era uno antes de apagarse?
Es un problema metafísico.»

El no saber
el no nadar contra las palabras
el no poder regresar
todo eso fue mi discurso alguna vez
todo eso obró en mi contra
hasta dejarme mudo
    y
sin tiempo.

Pero ahora ha llegado abril
    y
con él
la profusión de los estornudos
el agua por la nariz
delirar es balbucear.

Me cortaba el pelo
con un barbero
chino
    o
vietnamita

de espalda contrahecha
mirada fija
aprendí a jugar
con una bolita
de papel húmedo
pasándola de una mano
a otra
hasta que pasara
un carro blanco
y luego otro negro
No dijo nunca
una palabra
inteligible

Llegaba
por las tardes
a cabalgar
sobre la espalda
enferma
de noche.

Ningún regreso anula la llegada.

IV.
Doma natura

Descanse el siervo de la escritura...

J. K.

Todas estas personas que vienen del frío
condenadas a no entendernos.
Nadiezhda, amiga de Argenta
bicicleta brisa helada.

Una indagación sobre el régimen de lluvias en el midwest:
abundan de madrugada
la arribazón de peces gato sorprende a durmientes
sabores alcaloidales
respiran como lo harían cuerpos ahogándose.

Volvían sobre aquello del ataque nuclear
sentían un sobrevolar de cohetes de artificio
una arenga perenne.

Gente que en Lomas llegó en carruajes salió por sus pies
hombres platino mas muertos.
Sus mujeres ya los habían olvidado.
Una idea veraz la existencia de una edad anterior

una predestinación.
Los instintos de esa gente.
Sus teorías del ojo tatuado.

Corvus supo que entre diciembre
    y
mayo sufría constantes episodios de canibalismo melancólico.
Cadáver de manual mas ¿cómo decirlo?
Echó a andar con sus páginas perdidas bajo el brazo hasta un claro del bosque.
Allí se tumbó, probó la sal errabunda, comprobó la disposición de los astros.
Son mis monedas, pensó.
Son espadas, vienen por mí.
Son la sierra que me atraviesa de norte a sur.
Son una llama que insiste en encenderme.
Son lo que éramos, mi retrato meciéndose.
Son un perro de tres patas, la tumba que no pude abrir.
Son la tierra plana
    y
yo mirando la punta de mis pies
al borde del despeñadero.
Son un sueño con sábanas manchadas de grasa.
Son el lago, el volcán, una lluvia de alcoholes.
Si sabes de manchas, sabes del reino.

Dice la madre: Todas las vacas negras.
Las familias de vacas negras.

Entre todas las vacas negras, una vaca roja.
Una vaca roja que se niega a comer.

Había pensado Corvus alguna vez:
Lomas es el Mejías de mi padre.
Para él era el paraje donde ir a nacer.
Para mí es el de venir a morir, piensa.
Decía mamá: No corras con tijeras.
Decía papá: Los cuchillos no se dan de punta.
Y yo corría con tijeras
    y
los daba siempre de punta.
Los recuerda
viendo en sus ojos
la esperanza
de ser obedecidos
en otra vida.

Cero en nieves:
ni zorro manso ni fisuras poéticas.
Las alturas son inservibles.
Fujiwara y sus yeguas bayas.
También las vacas negras.
Doma natura
ceniza
raíz de lo cantable.
¡Qué formas toma mi propia aniquilación!

En Lomas
aquel que es dado a poetizar
es un zombie más entre los que viven
en la cima de las colinas
    y
contemplan esa nerviosa actividad
que ocurre siempre allá abajo
al pie de los cerros
los autos ligeros
las iglesias cerradas si no es domingo
las filas del drive-thru
los cines todavía repletos.
Dado el efecto Dunning-Kruger
comenzaron a morir los primeros habitantes.
Memorable superioridad que sólo el tiempo ubica en lugar.
En Lomas
aquel que es dado a poetizar
va adquiriendo extraños nombres.
Corvus Weston Loomis era su verdadero nombre.

Defunciones trabaja gracias a Nacimientos.
Terminadas las labores
papelería de nuevo a su lugar.

Así describe tristeza Katz_Filósofo_Midwest:
el efecto de un poder externo sobre el individuo
impide desarrollar potencialidad.
El deber del individuo

es esquivar
estos mecanismos de control.
Es posible que Katz_Filósofo_Midwest
hiciera precisamente eso
con sus uñas
esquivar
defender felicidad.
Las uñas de Katz_Filósofo_Midwest
como aquellas de Pascal
precursoras de las crestas punk.

el neumotórax une a los hombres de manera natural,
y se llaman a sí mismos la Sociedad Medio Pulmón,
por ese nombre se les conoce

Leía en malas traslaciones.
Esto es lo que leía:
La luz brilla más cuando el tubo no tiene aire.
Los científicos tuvieron que hacer un tubo sin aire.
Los tubos sin aire eran difíciles de producir.
Esto retrasó invención de pantallas de televisión.

Había comenzado a perder la memoria
pero a partir de instantes recientes.
Recordó entonces
que había olvidado algo

que había leído tiempo atrás.
Lo recuperaba a retazos
para volver a perderlo.
Una especie de archivo de desapariciones
estante
gaveta del limbo.

Lomas estaba dominado por un raro entusiasmo generalizado que podía advertirse en sus muchos cafés y escasas chocolaterías: acababa de confirmarse la autenticidad del esqueleto del alcalde Hartman después de examinar milimétricamente su pulgar derecho.
Se conservaba en la iglesia luterana principal.
Hasta se puede decir que podríamos hacerlo bailar, dijo
   Argenta.
Luego descubriéronse las botellas enterradas.
Su contenido: viejos tumores.

donde todo triste ruido hace su habitación...

Los cortes de pelo son asunto de las tardes.
Esteta de domingos.
Todas las lluvias simuladas.

Lo que no había contado de su padre:
el olor del pelo mojado

un tintineo de llaves
el registro de una voz que volvía
por las tardes calurosas
a saludar a los que pasaban.
Era un hombre sin memoria de lugares.
No había visitado un museo, digamos.
Pero sí era capaz de construir.
Su hijo jugaba con herramientas
lo golpeaba en una rodilla.
Él se la agarraba con sus dos manos
sin apenas reproche.

Pensar el town
las colinas de Lomas
como sujeto.
Nada pierde una verdad
si la dejamos escrita.

¿Algún alcohol surge de las palabras?
se pregunta Corvus saliendo
de una vieja estructura soñada
de anaqueles de madera
    y
estantes metálicos.
Pasaba por debajo de las torres del filósofo
sin reparar en las migajas
que puntualmente
caían.

En un hospital de locos
una catarata
    y
nuestros reyes electivos.
Nacimiento del patio trasero.
Necesidad de esto.
Llamadas al orden.
Asocia con demasiada frecuencia
la palabra escarnio
al encierro
a la busca del fluir de la locura.

Perro bajó del ático al sentir una puerta mecánica cerrarse.
Su nombre: Axen.
Un neófito de buena voluntad.
Un galeote que
como es natural
odia el mar.

Hasta se podría ser minimalista tocando las congas
cómo es que a nadie
se le había ocurrido antes
esa subversión
demostrar la resistencia
a corrientes dominantes
en el momento de componer.

El hombre plantó café.
¡A por Irlanda!

It's time
to upgrade
your sofá.

Para iniciarse en reptología
se requiere lagarto barbado
piel escamosa
lengua estirada.
La reptología ya no más ciencia oculta.

Según el método Willibald Alexis, insistió Corvus en deliberaciones.
¿Puede decirse que boquea el concepto de literatura universal en beneficio de la aldea, de ideas tribales?
Uno de los temas favoritos en el invierno de su vida.

Cincuenta puertas tocó procurando asilos.

El exceso poemático
principio del desierto.
Eso
una casa apelotonada.
Las dunas.

La descripción de Ceuto, el origen, pueblo sin agua.
Había dos parques, ambos viejos, sin opciones de futuro.
Una plaza sin mercado.
Un arroyo pestilente, como debe ser.

En sus orillas pastan flacas yeguas puestas ahí para placeres adolescentes.
La carretera parte Ceuto en dos.
De frente al arroyo, extiende los brazos: hacia la izquierda cañas.
Hacia la derecha ciudad de quisquillosos fantasmas.

A media hora de casa las fronteras.
Oklahoma: aparición de los casinos.
Se ruega a los habitantes que cedan la preferencia a los nativos
el juego está destinado al entretenimiento de visitantes.
Lo gastan todo en variaciones de un mismo modo de fumar.
Roubitschek, jefe de camareros.
En fin, una trivialidad.

Ayer
una vaca caída
rodilla sangrante.

Rodeábase Corvus de revistas.
Ordeñábalas.
Obtenía las palabras
algunas predicciones simples.

No hay respuesta desde política.
Sí desde cuerpo malo:
todo tiene una explicación

a partir de algún viaje
Algo lo devuelve a un estado de infancia
indefinición
inseguridad.
Si olvida algo
cree que sufre de alguna patología
que definirá
su forma de morir.

Aparece un piano en la orilla de la playa.
Remedio de innombrables errancias.
Lomas
mi Subiaco.
Qué hicieron
de tu cuerpo
todas estas guerras.

¿Sufre variaciones el pelo muerto?
¿Crece más allá de la improbable tesitura de una hebra adolescente cuando ya pasamos de los cincuenta y hemos muerto?

Mirando detenidamente
el bigote de Nietszche recordó
el de aquel secretario
del partido regional
una vileza no sospechada.

Katechon: dilatar la demografía de la catástrofe.
El verdadero fin sería diferir lo político.

Corvus anti oral.
Fiebres limitadas.
Demasiada contención.

Un objetivo: idiomas.
Destinado a gramáticas ajenas
un hervor de palabras
algunas estridentes
la mayoría desconocidas
que elegimos por su música.
— Alarga, dice.
— Malyerba.
No es común letra de bifurcaciones en mitad de palabra.

Se ha ido Argenta a tomar clases de química orgánica.
Sus estudios de destilados finos.
Y de paso llega a un mercado.
Compra una barra de pan, que llama telera como reminis-
    cencia de años pasados, la infancia digamos.
También compra flores.
Una foto del conjunto: pan y flores.
Una colisión visual de la que surge el floripán.
El nuevo término ya aparece aquí debajo, encima del teclado del teléfono donde queda esto escrito, ha sido ya asimilado.

Es domingo y nevó toda la madrugada, téngase en cuenta.
Entonces el floripán vendrá a ser una mixtura de naturaleza y artesanía.
A veces se come, pero también es, sobre todo, para super/mirar, una super/miración de las que abundan hoy.
Retiniano, decíase en los noventas.
Mientras tanto, el que espera se esfuerza por encontrarle sentido a la frase «paquebote postal de doble hélice», leído no recuerda si en Musil o Döblin.

Léase puerto de llegada
no produce usted para estudiantes.
Se corre el riesgo de perderlos para siempre.
Satie: Un poeta escribe sin ser escritor.

Cuando amor me inspira, anoto.

El mismo día:
la muerte de algún Kennedy
las películas de Cornell
el ataúd de mimbre de Joyce Cary.
Incontinencia, palabra temida.
Un estado próximo a la disolución en la escritura.

Oriente que somos.
Un país llamado Dakota.

Será como la vida en el pabellón de caza.
En las fotos mujeres patinadoras
faldas largas
pelo recogido
llamábanle fibra a la carne.
La misma naturaleza rediviva.
Supo que comenzaba
su año platónico.

Se da el caso que en el town encontraron el cadáver momificado de una mujer. Cuerpo inodoro impidió que sonaran alarmas. El discreto cadáver de la madre muerta oloroso a sándalo. Nadie echóla de menos. Como si águila y serpiente llegaran juntos. Están seguros de que murió hace muchos años, pero el número no es posible de definir. Un cuerpo de otro tiempo convive con inquilinos. Luego es incinerado.
Todo volvió a la anormalidad de vidas asépticas.

El vecino ciego salió esta mañana a cortar la hierba.
No es recomendable cortar la hierba muy de mañana.
La materia hierba se mezcla con rocío
dificulta mecanismos.
Se traban cuchillas.

Una idea
mas luego
abolir desarrollo.

Se estaba quedando dormida
el sueño de una garganta seca la despertó.
Soñó entonces que no sobrevivía a su sed.
Y entonces debió preguntar:
su tos
me refiero a ella
como una convulsión de sentidos
cómo es que le ha durado tanto
de enero a mayo
de agosto a diciembre
Nunca sabremos qué sueña Perro
a menos que venga a frotarse con nuestras piernas
    y
le dé por ladrar bajo.

Ese cariñoso nombre babilonio...

Se muere un chino todos los días.
A veces un auditor o un mensajero
pocas veces un astronauta.
De las sucesivas muertes chinas aprendemos poco.
Sus patologías son comunes
¿flor que sangra cabe en ideogramas?

Decirlo
aunque no suceda.

Soy un hombre que espera el final del invierno.
Pero es tan largo el invierno
que los árboles acaban quebrándose
también pavimento
antenas descolgadas.
Mi temblar
mis modos de arrastrar la maleta
son conocidos en todo Lomas.
Los habitantes miran siempre a otro lado.
El que se llama Leon sale todas las mañanas en su moto
no volvió a llamar.

Hazte a un lado:
relacionar los placeres en la región.
Las noches de domingo son de abluciones.
La escritura nocturna dispara suspicacias.

Al otro lado
de las montañas
el hielo
de todas las muertes tempranas.
Lo sé por el brillo opaco
de tantos huesos dispersos
huesos a la deriva.

Los ronquidos de vecino
delimitan el espacio sonoro.
Soy en tanto escucho

alarido
aleteo.
Dónde quedó palabra.
Quedó muda
pero dónde.
Salir de casa. Evaporar.
Deseos de algún hábitat como el vientre de ballena
El día después no servirá de nada.
Será como el vacío
será como la noche.

Qué lejos llegó brutalismo
esa tempestad
esos barcos redondos.
Bajo la hierba en llamas
asoman caras.

Tú también jugaste a palpar la ranura
a horadar orificio rectal
a poner luego cara de síndrome
pero el sexo fue un nudo corredizo
demasiado ligero
peligroso para cuellos tan sensibles
amontonamiento de playa y lencería
del que resultan hijos
que forman nuevos nudos.
Todo pensado desde sillón de orejas.

No trapecio en noche de luna llena.

Acompañaba a su abuela
a sesiones espiritistas.
En mundo de inválidos
cómo no arrastrarse.

Argenta hacha en mano.
Renunció a olvido en beneficio de dudas diversas.
A veces harapienta
 a veces bien pagada.
Mares que surcaba no la reconocían.
Regresaba entonces
en delirio de soledades
musitando aquello:
tu desdén le guarde.

Sólo
perderme
aporta
sentido.

Camino a las yardas iba suave contando rotondas:
la rotonda de minería
la rotonda de los ganaderos ilustres
la de los colegiales.
Para rotondas desbrozar maleza.
En qué desierto vives.
Para de pensar.

Un poema ka que empiece en una línea y luego vaya formando la senda de un highway vertical, fiordos, un poema de oral consumo que parta los versos a mansalva, que no se detenga en cacharrería ni en lengua vericuetera, libricidad lubricidad, common lugares de lengua muerta mermada por lo mismo que la hizo florecer, borbotones, traqueteo, poeta cazuelero, de la grilla local, la consecutividad produce tochos sonoros, de frutos visibles creciendo en la arena de las playas, poemas de la (pucha) experiencia o de los anillos perdidos en las negras arenas de una playas bien al norte de latitud cero, highway que cruza pueblo y ciudad y muere en las faldas de una colina que no ha podido ser horadada, trizas de un poema compilatorio un poema logia un poema yeshiva un poema lamdan y un poema taubes todos los cantos
todas las palabras.

En país de puentes hablan idioma de niños.
Pero ¿dónde el libro?
Cada sol repetido es un cometa.
¿Qué ríos son esos que devoran?
Lomas es lo que mar no quiere.

Singbarer rest.
Volviendo a papel moneda
descenso breve
decir con miedo.
No tragar la enjaulada noche.

El poema:
el hombre no leído.

¿Tallar seso?
¿Terapia?
De todas las ciudades
que Lomas ha sido
ninguna como aquella
de isla y piedra
sad city
líquenes
caminos de tierra
su negación.

Pisan cantos:
Matan instrumentos del ser.
Tomar posición qué significa
se pregunta Katz_Filósofo_Midwest.
Qué es si no status
colisión
negación
Tempus tacendi
tempus loquendi.

El muerto en hombros.
Su propio ser
en lenguaje.

Puedo ir de la casa a la esquina.
Puedo pensarte.
Puedo ver que asoman caras.
Pasan autos
pasan los muertos
su cosecha de arácnidos.
He pensado prender un fuego que haga crepitar
las ramas secas de los árboles
que invierno va desnudando.
La hierba quemada por el frío.
Puedo no reconocer este como mi lugar de llegada.

Sensación de tiempo terminado.

En Lomas de Arkansas, otoño
2019 - Houston, Texas, 2025

That is why I started to write Paterson: a man is indeed a city, and for the poet there are no ideas but in things.

W. C. W.

Los versos y frases en cursivas (excepto alguna en latín) y alguna otra cita más o menos explícita que aparecen en este libro pertenecen a los autores o libros siguientes:

Capítulo I

Raymond Carver: Poema «Miedo», tomado de internet || Georges Perec: *La vida instrucciones de uso* (Anagrama 2016, p. 27) || James Joyce: *Finnegans Wake* || El verso «la dialéctica astilla la costumbre» es de Ángel Escobar || A San Juan de la Cruz pertenece el verso «Un no sé qué, que vienen balbuciendo» || La frase de Lautreamont fue sacada del Filósofo Mecánico Universal, según Wilcock en *La sinagoga de los iconoclastas*, y que luego recupera Patricio Pron en la introducción de *El libro tachado* || «¿La vida al precio de cualquier bajeza?» fue tomado de *Légamos* (p. 33), de José Morales Saravia || De Lezama Lima en «Un puente, un gran puente» es el verso «Mi nostalgia es infinita...» || En el prólogo del *Quijote* puede encontrarse esta frase de Cervantes: «Donde todo triste ruido hace su habitación» || Los versos «las heces de un ratón de campo / que no avanza / que no agita la hierba / al deslizarse» refieren al poema «Días», de Pound: «Y los días no son tan plenos / y las noches no son tan plenas / y la vida se desliza como un ratón de campo / sin agitar la hierba» || Huidobro en *Altazor*: «Si yo no hiciera al menos una locura por año...».

Capítulo ii

«La frialdad no la veo como una falta» es de Peter Handke, *Ensayo sobre el cansancio* (p. 24) || «Cada acto es virgen, incluso los que se repiten» es una cita de René Char extraída de *For the birds* de John Cage (p. 48, traducción mía).

Capítulo iii

Peter Handke en *Ensayo sobre el cansancio*: «Estar en la imagen me basta ya como sentimiento». También es suyo el verso: «y pude entonces rodear con palabras el sentimiento de la duración» (*Poema a la duración*) || «Si nada es neutro y nadie el recuerdo seco de alguien» es de Tedi López Mills en *Muerte en la rúa Augusta* (p. 48) || «Romper la tierra tiene la escritura del sueño» pertenece a *Dador*, de Lezama || «He sido ya pájaro y mudo pez de mar» es una sentencia de Empédocles citada en *El cuerpo tenebroso*, de Serafín Senosiaín || «Aquí el tren entra de espaldas»: Así comienza *Espirales del cuje*, de Lorenzo García Vega || «Al final se llega cuando ya no queda nada por contar» fue extraída de Héctor Libertella: *Diario de la rabia* || El verso «All flesh is grass» es de la película *Heavens Gate*, de Michael Cimino || «Nada quedará de quien usó sentimientos y guantes, de quien habló de la muerte y de la policía local» es de Fernando Pessoa, *Libro del desasosiego*.

Capítulo IV

Dos versos («Un exceso de vacío es el germen de la infancia», del Capítulo II, y «El exceso poemático, principio del desierto», del Capítulo III) aluden a una cita de Bachelard («Un exceso de infancia es un germen de poema») que puede encontrarse en el prólogo de *Pequeño mundo ilustrado*, María Negroni || «El hombre que bebe café negro va a conquistar Irlanda», cita de James Joyce en la obra de teatro *Exiliados* || «...el pneumotórax une a los hombres de manera natural, y se llaman a sí mismos la Sociedad Medio Pulmón, por ese nombre se les conoce», Mann en *La montaña mágica* (pp. 76-77) || Góngora en el soneto «De la brevedad engañosa de la vida»: «cada sol repetido es un cometa» || Dante en la *Divina Comedia*: «Y yo le dije: «Soy uno que cuando / Amor me inspira, anoto, y de esa forma / voy expresando aquello que me dicta».

Catálogo Bokeh

ABREU, Juan (2017): *El pájaro*. Leiden: Bokeh.
AGUILERA, Carlos A. (2016): *Asia Menor*. Leiden: Bokeh.
— (2017): *Teoría del alma china*. Leiden: Bokeh.
AGUILERA, Carlos A. & MOREJÓN ARNAIZ, Idalia (eds.) (2017): *Escenas del yo flotante. Cuba: escrituras autobiográficas*. Leiden: Bokeh.
ALABAU, Magali (2017): *Ir y venir. Poesía reunida 1986-2016*. Leiden: Bokeh.
— (2019): *Mordazas*. Leiden: Bokeh.
ALCIDES, Rafael (2016): *Nadie*. Leiden: Bokeh.
ANDRADE, Orlando (2015): *La diáspora (2984)*. Leiden: Bokeh.
ARMAND, Octavio (2016): *Concierto para delinquir*. Leiden: Bokeh.
— (2016): *Horizontes de juguete*. Leiden: Bokeh.
— (2016): *origami*. Leiden: Bokeh.
AROCHE, Rito Ramón (2016): *Límites de alcanía*. Leiden: Bokeh.
ATENCIO, Caridad (2018): *Desplazamiento al margen*. Leiden: Bokeh.
ÁVILA VILLAMAR, Carlos (2025): *Nueve ficciones*. Gainesville: Bokeh.
BARQUET, Jesús J. (2018): *Aguja de diversos*. Leiden: Bokeh.
BLANCO, María Elena (2016): *Botín. Antología personal 1986-2016*. Leiden: Bokeh.
BLAVI, Camila (2025): *Puna*. Gainesville: Bokeh.
CABALLERO, Atilio (2016): *Rosso lombardo*. Leiden: Bokeh.
— (2018): *Luz de gas*. Leiden: Bokeh.
CALDERÓN, Damaris (2017): *Entresijo*. Leiden: Bokeh.
CASTAÑOS, Diana (2019): *Yo sé por qué bala la oveja mansa*. Leiden: Bokeh.
— (2019): *The Price of Being Young*. Leiden: Bokeh.
CATAÑO, José Carlos (2019): *El cónsul del Mar del Norte*. Leiden: Bokeh.
CINO, Luis (2022): *Volver a hablar con Nelson*. Leiden: Bokeh.

Conte, Rafael & Capmany, José M. (2019): *Guerra de razas. Negros contra blancos en Cuba*. Leiden: Bokeh | colección Mal de archivo.
Díaz de Villegas, Néstor (2015): *Buscar la lengua. Poesía reunida 1975-2015*. Leiden: Bokeh.
— (2015): *Cubano, demasiado cubano. Escritos de transvaloración cultural*. Leiden: Bokeh.
— (2017): *Sabbat Gigante. Libro primero: Hojas de Rábano*. Leiden: Bokeh.
— (2018): *Sabbat Gigante. Libro segundo: Saigón*. Leiden: Bokeh.
Espinosa, Lizette (2019): *Humo*. Leiden: Bokeh.
Fernández, María Cristina (2025): *En el nombre de la rusa*. Gainesville: Bokeh.
Fernández Larrea, Abel (2015): *Buenos días, Sarajevo*. Leiden: Bokeh.
— (2015): *El fin de la inocencia*. Leiden: Bokeh.
Ferrer, Jorge (2016): *Minimal Bildung. Veintinueve escenas para una novela sobre la inercia y el olvido*. Leiden: Bokeh.
Galindo, Moisés (2019). *Catarsis*. Leiden: Bokeh.
Garbatzky, Irina (2016): *Casa en el agua*. Leiden: Bokeh.
García, Gelsys (2016): *La Revolución y sus perros*. Leiden: Bokeh.
García, Gelsys (ed.) (2017): *Anuncia Freud a María. Cartografía bíblica del teatro cubano*. Leiden: Bokeh.
García Obregón, Omar (2018): *Fronteras: ¿el azar infinito?* Leiden: Bokeh.
— (2025): *66 décimas para cuerdas migratorias*. Gainesville: Bokeh.
Garrandés, Alberto (2015): *Las nubes en el agua*. Leiden: Bokeh.
Ginoris, Gino (2018): *Yale*. Leiden. Bokeh.
Gómez Castellano, Irene (2015): *Natación*. Leiden: Bokeh.
Guerra, Germán (2017): *Nadie ante el espejo*. Leiden: Bokeh.
Gutiérrez Coto, Amauri (2017): *A las puertas de Esmirna*. Leiden: Bokeh.
Hässler, Rodolfo (2019): Cabeza de ébano. Leiden: Bokeh.
Hernández Busto, Ernesto (2016): *La sombra en el espejo. Versiones japonesas*. Leiden: Bokeh.

— (2016): *Muda*. Leiden: Bokeh.
— (2017): *Inventario de saldos. Ensayos cubanos*. Leiden: Bokeh.
HERRERA, Alcides (2022): *Canciones iguales*. Leiden: Bokeh.
HERRERA, José María (2025): *La musa política*. Gainesville: Bokeh.
HONDAL, Ramón (2019): *Scratch*. Leiden: Bokeh.
— (2020): *La caja*. Leiden: Bokeh
HURTADO, Orestes (2016): *El placer y el sereno*. Leiden: Bokeh.
INGUANZO, Rosie (2018): *La Habana sentimental*. Leiden: Bokeh.
JESÚS, Pedro de (2017): *La vida apenas*. Leiden: Bokeh.
LAGE, Jorge Enrique (2015): *Vultureffect*. Leiden: Bokeh.
LAMAR SCHWEYER, Alberto (2018): *Ensayos sobre poética y política*. Edición y prólogo de Gerardo Muñoz. Leiden: Bokeh | colección Mal de archivo.
LUKIĆ, Neva (2018): *Endless Endings*. Leiden: Bokeh.
MARQUÉS DE ARMAS, Pedro (2015): *Óbitos*. Leiden: Bokeh.
MÉNDEZ ALPÍZAR, L. Santiago (2016): *Punto negro*. Leiden: Bokeh.
MIRANDA, Michael H. (2017): *Asilo en Brazos Valley*. Leiden: Bokeh.
— (2026): *Deserta*. Gainesville: Bokeh.
MORALES, Osdany (2015): *El pasado es un pueblo solitario*. Leiden: Bokeh.
— (2018): *Zozobra*. Leiden: Bokeh.
— (2023): *Lengua materna*. Leiden: Bokeh.
NARANJO, Carlos I. (2019): *Los cantos de Pandora*. Leiden: Bokeh.
PADILLA, Damián (2016): *Phana*. Leiden: Bokeh.
PEREIRA, Manuel (2015): *Insolación*. Leiden: Bokeh.
PÉREZ, César (2024): *La capital del sol. Tragicomedia en tres actos*. Leiden: Bokeh.
PÉREZ CINO, Waldo (2015): *Aledaños de partida*. Leiden: Bokeh.
— (2015): *El amolador*. Leiden: Bokeh.
— (2015): *La isla y la tribu*. Leiden: Bokeh.
— (2019): *Apuntes sobre Weyler*. Leiden: Bokeh.
PONTE, Antonio José (2017): *Cuentos de todas partes del Imperio*. Leiden: Bokeh.
— (2018): *Contrabando de sombras*. Leiden: Bokeh.

Portela, Ena Lucía (2016): *El pájaro: pincel y tinta china*. Leiden: Bokeh.
— (2016): *La sombra del caminante*. Leiden: Bokeh.
— (2020): *Cien botellas en una pared*. Leiden: Bokeh.
Quintero Herencia, Juan Carlos (2016): *El cuerpo del milagro*. Leiden: Bokeh.
Ribalta, Aleisa (2018): *Talús / Talud*. Leiden: Bokeh.
Rodríguez, Reina María (2016): *El piano*. Leiden: Bokeh.
— (2018): *Poemas de navidad*. Leiden: Bokeh.
Saab, Jorge (2019): *La zorra y el tiempo*. Leiden: Bokeh.
Salcedo Maspons, Jorge (2025): *Memoria de eso*. Gainesville: Bokeh.
Sánchez Mejías, Rolando (2016): *Mecánica celeste. Cálculo de lindes 1986-2015*. Leiden: Bokeh.
Saunders, Rogelio (2016): *Crónica del decimotercero*. Leiden: Bokeh.
Starke, Úrsula (2016): *Prótesis. Escrituras 2007-2015*. Leiden: Bokeh.
Timmer, Nanne (2018): *Logopedia*. Leiden: Bokeh.
Valdés Zamora, Armando (2017): *La siesta de los dioses*. Leiden: Bokeh.
Valencia, Marelys (2021): *Peregrinaje en tres lapsos | Pilgrimage in Three Lapses*. Leiden: Bokeh.
— (2023): *Santuario de narcisos en ayunas | Sanctuary of Fasting Daffodils*. Traducción de Peter Nadler. Leiden: Bokeh.
Vega Serova, Anna Lidia (2018): *Anima fatua*. Leiden: Bokeh.
Villaverde, Fernando (2016): *La irresistible caída del muro de Berlín*. Leiden: Bokeh.
— (2016): *Los labios pintados de Diderot*. Leiden: Bokeh.
Williams, Ramón (2019): *A dónde*. Leiden: Bokeh.
Wittner, Laura (2016): *Jueves, noche. Antología personal 1996-2016*. Leiden: Bokeh.
Zequeira, Rafael (2017): *El winchester de Durero*. Leiden: Bokeh.
— (2020): *El palmar de los locos*. Leiden: Bokeh.

www.ingramcontent.com/pod-product-compliance
Lightning Source LLC
Chambersburg PA
CBHW032237080426
42735CB00008B/891